AUTOS DE LUJO

R8 DE AUDI

Un libro de Las Ramas de Crabtree

Tracy Nelson Maurer
Traducción de Santiago Ochoa

CRABTREE
Publishing Company
www.crabtreebooks.com

Apoyos de la escuela a los hogares para cuidadores y maestros

Este libro de gran interés está diseñado con temas atractivos para motivar a los estudiantes, a la vez que fomenta la fluidez, el vocabulario y el interés por la lectura. Las siguientes son algunas preguntas y actividades que ayudarán al lector a desarrollar sus habilidades de comprensión.

Antes de leer:

- *¿De qué creo que trata este libro?*
- *¿Qué sé sobre este tema?*
- *¿Qué quiero aprender sobre este tema?*
- *¿Por qué estoy leyendo este libro?*

Durante la lectura:

- *Me pregunto por qué...*
- *Tengo curiosidad por saber...*
- *¿En qué se parece esto a algo que ya conozco?*
- *¿Qué he aprendido hasta ahora?*

Después de la lectura:

- *¿Qué intentaba enseñarme el autor?*
- *¿Qué detalles recuerdo?*
- *¿Cómo me han ayudado las fotografías y los pies de foto a comprender mejor el libro?*
- *Vuelvo a leer el libro y busco las palabras del vocabulario.*
- *¿Qué preguntas me quedan?*

Actividades de extensión:

- *¿Cuál fue tu parte favorita del libro? Escribe un párrafo al respecto.*
- *Haz un dibujo de lo que más te gustó del libro.*

ÍNDICE

SUPERAUTO PARA EL DÍA A DÍA

El R8 de Audi ofrece una **aceleración** rápida y emoción al conducir. También domina el tráfico intenso y los viajes rápidos a la cafetería. Con su potente motor y su estilo brutal, es el superauto para la conducción habitual. Sin embargo, su precio no es nada común.

El R8 consume gasolina premium. En la ciudad puede recorrer unas míseras 13 millas (21 km) por galón y en la carretera 20 millas (32 km) por galón.

En 2021, Audi ofreció cuatro opciones de R8. Un R8 básico tiene tracción trasera, lo que significa que las ruedas traseras empujan el automóvil hacia adelante. Algunas personas piensan que las barras de tracción trasera se parecen más a las de un verdadero automóvil deportivo. Los modelos R8 Performance cuentan con el sistema de tracción quattro de Audi, que da potencia a las cuatro ruedas.

Audi lanzó su primera serie de ruedas traseras R8 (RWS) en 2018. La compañía fabricó solo 999 y solo 320 de ellas se enviaron a los Estados Unidos.

PRECIOS INICIALES ESTIMADOS

ESTILO	*BÁSICO (TRACCIÓN TRASERA)*	*PERFORMANCE (TRACCIÓN QUATTRO)*
Coupé	$ 145 000 dólares	$198 000 dólares
Spyder (convertible de capota	$156 000 dólares	$210 000 dólares

Con solo tocar un botón, el conductor puede subir y bajar el techo del R8 Spyder en unos 20 segundos, incluso si conduce a 31 mph (50 km/h).

CORAZÓN DE CARRERAS

El corazón de esta bestia callejera es un motor V10 de 5.2 litros, tomado del modelo del automóvil de carreras. El motor genera 602 caballos de fuerza en su versión para los Estados Unidos. Los caballos de fuerza miden la fuerza en las partes que hacen girar las ruedas. Con ese motor, un R8 puede dejar un largo parche de caucho en la calle.

Audi, un fabricante de automóviles alemán, vende el R8 en Europa con un motor un poco más potente que la versión estadounidense. Pero el motor americano R8 ruge más fuerte.

El R8 tiene un **chasis** de aluminio y una carcasa exterior. El aluminio pesa menos que el acero. Un automóvil más liviano puede alcanzar velocidades más altas más rapidamente, porque el motor no tiene que trabajar tanto para moverlo. El R8 pesa alrededor de 3 500 libras (1 814 kg). Eso es considerable para un superauto.

El automóvil estadounidense promedio pesa alrededor de 4 000 libras (1 814 kg). Por lo general, pasa de 0 a 60 mph (197 km/h) en 7 a 9 segundos.

066M638
MANUFACTURER

El superauto Lamborghini Huracán utiliza el mismo motor que el R8. En 1998 Audi compró la famosa marca fabricante de automóviles italianos por 110 millones de dólares.

UN ELEGANTE VELOCISTA

El R8 merodea por las calles con solo 49 pulgadas (124 cm) de altura. ¡Muchos niños de nueve años son más altos que él! El alerón trasero y las profundas láminas laterales se suman a su aspecto elegante.

alerón
lámina lateral

Audi Sport

Las enormes ruedas de 20 pulgadas (50 cm) van bastante separadas para un mejor manejo a altas velocidades o en carreteras sinuosas en climas cálidos. Los neumáticos del superauto no funcionan bien en climas fríos, nevados o helados.

Los modelos R8 Performance vienen con neumáticos hechos exclusivamente para Audi. Busca el sello «AO» (Solo Audi) en los neumáticos.

R8
066M619
MANUFACTURER

TOQUES TÉCNICOS

La cabina de lujo del R8 muestra la tecnología avanzada de Audi. Los conductores pueden personalizar la nítida pantalla digital o conectarse con el mundo mediante el punto de acceso Wi-Fi integrado.

¡Mira el botón de arranque y parada del motor en el volante!

Un automóvil de lujo necesita un interior de lujo. Los propietarios de un R8 eligen el color de sus elegantes asientos de cuero italiano: seleccionan entre negro, gris, café o rojo, con un patrón plano o acolchado. Incluso pueden seleccionar el color de las costuras.

Todo auto de lujo carece de *algo*. En el R8 es el espacio de carga. Su pequeño «baúl» tiene espacio para una maleta de mano... en el mejor de los casos.

VER Y SER VISTO

Por la noche, las brillantes luces delanteras **LED** guían al R8. Un rayo láser especial también arroja luz adicional en lo bajo y ancho de la carretera a velocidades de más de 40 mph (64 km/h).

Las luces traseras LED y las intermitentes **dinámicas** que apuntan hacia la dirección de giro ayudan a otros conductores a prestar atención.

La seguridad es importante para cualquier vehículo. El R8 usa frenos diseñados para detenerse rápidamente a altas velocidades. También cuenta con bolsas de aire y sensores de estacionamiento.

Las agencias nacionales de seguridad rara vez prueban superautos como el R8, quizá debido a que solo existe una pequeña cantidad de estos vehículos en los Estados Unidos.

RAÍCES EN LAS CARRERAS

Audi inició su moderno programa de carreras en 1981. La empresa ha ganado títulos y seguidores en todo el mundo, especialmente por sus carreras de **resistencia** en Le Mans. El Audi R8 tiene sus raíces en el Audi Le Mans quattro de 2003, un **auto conceptual**.

El Tipo 42 fue lanzado en el Salón del Automóvil de París en 2006, marcando la primera generación del automóvil de carretera R8.

En la actualidad, versiones del R8 corren en los principales eventos de todo el mundo. Busca este superauto que sigue llamando la atención en carreras internacionales, pistas de carreras privadas y carriles de autoservicio en todas partes.

«Horch» significa «escuchar» en alemán. «Audi» es la palabra en latín.

El logotipo de Audi ha cambiado con el tiempo. En 1985, la compañía introdujo los cuatro aros para simbolizar sus cuatro marcas: automóviles Audi medianos y de lujo, motocicletas DKW y automóviles pequeños, automóviles Wanderer de tamaño mediano y automóviles Horch de lujo.

¿EL ELÉCTRICO DEL DÍA A DÍA?

La empresa fundada en 1909 por August Horch ha cambiado mucho a lo largo de los años. Hoy, Audi fabrica la mayoría de sus autos en una fábrica de energía inteligente en el río Danubio. Es muy probable que en el futuro el R8 se convierta en el superauto *eléctrico* de todos los días.

Tanto robots como personas fabrican los R8 en la fábrica alemana.

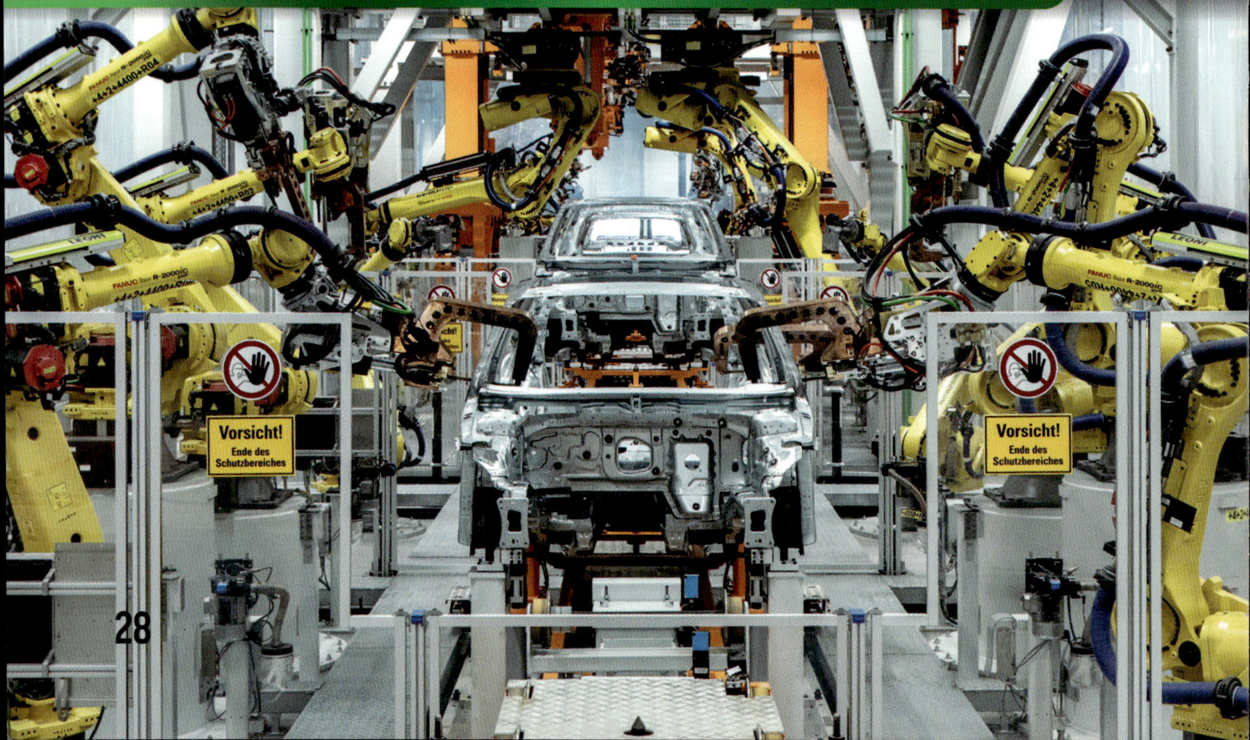

El personaje Tony Stark conduce una versión del R8 en seis películas del Universo Cinematográfico de Marvel, incluidas todas las películas de *Iron Man*.

GLOSARIO

aceleración Moverse o añadir velocidad rápidamente.

auto conceptual Un diseño de prueba para un vehículo que no está en producción.

chasis La estructura del vehículo que sostiene la cubierta metálica exterior.

dinámicas Que están en movimiento o dan la sensación de movimiento.

LED Siglas en inglés de «diodo emisor de luz», un tipo de fuente de luz.

resistencia Buen desempeño y firmeza frente a los desafíos durante un largo período de tiempo.

tubo de escape Parte de un automóvil por donde son liberados los gases residuales y el vapor del motor.

ÍNDICE ANALÍTICO

SITIOS WEB (PÁGINAS EN INGLÉS):

www.audi.com/en/experience-audi/audi-sport/audi-racing-models/r8-lms-gt3.html

www.motortrend.com/cars/audi/r8/2020/2020-audi-r8-performance-supercar-review/

www.caranddriver.com/news/a34329012/2021-audi-r8-rear-wheel-drive/

www.caranddriver.com/audi/r8

ACERCA DE LA AUTORA

Tracy Nelson Maurer

Tracy Nelson Maurer ha escrito más de 100 libros de no ficción para jóvenes lectores. Vive en Minnesota, donde conduce felizmente una minivan.

CRABTREE Publishing Company

Produced by: Blue Door Education for Crabtree Publishing
Written by: Tracy Nelson Maurer
Designed by: Jennifer Dydyk
Edited by: Kelli Hicks
Proofreader: Janine Deschenes

Translation to Spanish: Santiago Ochoa
Spanish-language layout and proofread: Base Tres
Print and production coordinator: Katherine Berti

Photographs: Cover: Logo graphic © Shutterstock.com/officeku, speedometer © Shutterstock.com/Panuwatccn, shiny car hood top left on cover and throughout book © Shutterstock.com/ Inked Pixels, R8 photo: © AUDI AG, title page: ©AUDI AG, PG 4: ©istock.com/Roman Stasiuk, PG 5: ©istock.com/DarthArt, PG 6-7: ©AUDI AG (all), PG 8: ©shutterstock.com/Levent Konuk, PG 9: ©AUDI AG, PG 10: ©AUDI AG, PG 11: © Jianhua Liang| Dreamstime.com (top), Domagoj Kovacic / Shutterstock.com, PG 12-13: ©AUDI AG (all), PG 14-15 ©AUDI AG (all), PG 16: ©AUDI AG, ©Domagoj Kovacic / Shutterstock.com, PG 17: ©AUDI AG, PG 18-19: ©AUDI AG (all), PG 20-21: ©AUDI AG (all), PG 22-23: ©AUDI AG (all), PG 24: © VanderWolfImages| Dreamstime.com, PG 25: ©AUDI AG, PG 26: ©Michele Morrone| Dreamstime.com, PG 27: ©©AUDI AG, PG 28-29: ©AUDI AG (all) Special Thanks to Audi.com for the use of their images to teach young readers about cars with nonfiction/editorial information

Library and Archives Canada Cataloguing in Publication

Title: R8 de Audi / Tracy Nelson Maurer ; traducción de Santiago Ochoa.
Other titles: R8 by Audi. Spanish
Names: Maurer, Tracy Nelson, 1965- author. | Ochoa, Santiago, translator.
Description: Series statement: Autos de lujo | Translation of: R8 by Audi. | Includes index. | "Un libro de las ramas de Crabtree". | Text in Spanish.
Identifiers: Canadiana (print) 20210294213 | Canadiana (ebook) 20210294221 | ISBN 9781039613249 (hardcover) | ISBN 9781039613300 (softcover) | ISBN 9781039613362 (HTML) | ISBN 9781039613423 (EPUB) | ISBN 9781039613485 (read-along ebook)
Subjects: LCSH: Audi R8 automobile (Racing automobile)—Juvenile literature.
Classification: LCC TL215.A825 M3818 2022 | DDC j629.222/2—dc23

Library of Congress Cataloging-in-Publication Data

Available at the Library of Congress

Crabtree Publishing Company
www.crabtreebooks.com 1-800-387-7650

Published in the United States
Crabtree Publishing
347 Fifth Avenue
Suite 1402-145
New York, NY, 10016

Published in Canada
Crabtree Publishing
616 Welland Ave.
St. Catharines, Ontario
L2M 5V6

Printed in the U.S.A./092021/CG20210616